AF599903

ÁNGEL GUACHE

CANTOS DE CARRACA Y TRACA
(S O N E T O T E S)

ÁNGEL GUACHE

CANTOS DE CARRACA Y TRACA (SONETOTES)

HUERGA & FIERRO editores

Diseño de Colección: Huerga y Fierro

Primera edición: 2024

C/Sebastián Herrera, 9
28012 Madrid—España
Telf.: 91 467 63 61
www.huergayfierro.com
huerga@huergayfierro.com

I.S.B.N.: 978-84-128764-8-2
Depósito Legal: M-13173-2024
Impreso en Romadac Industria del Libro
Impreso en España/Printed and made in Spain

Oh llama de amor viva.
SAN JUAN DE LA CRUZ

Amor me tuvo alegre el pensamiento.
FRANCISCO DE QUEVEDO

Por mostrar más verde el albedrío.
FRANCISCO DE QUEVEDO

Y cuanto yo escribir de vos deseo
vos sola lo escribisteis, yo lo leo.
GARCILASO DE LA VEGA

Esto es amor: quien lo probó lo sabe.
LOPE DE VEGA

Tráele amor al estricote,
que es de muy mala ralea,
y, así, hasta hendir el pipote,
aquí lloró don Quijote
ausencias de Dulcinea.
MIGUEL DE CERVANTES

Hermosa Venus que el amor presides,
y sus deleites y contentos mides,
dando a tus hijos con abiertas manos
en este mundo bienes soberanos:
pues ves lo justo de mi noble intento
dele a mi canto tu favor aliento,
para que sepa el orbe cuál arte
las gentes deberán solicitarte.
NICOLÁS FERNÁNDEZ DE MORATÍN

Por la divina primavera
me ha venido la ventolera
de hacer versos funambulescos
–un purista diría grotescos–.
Para las gentes respetables
son cabriolas espantables.
RAMÓN DEL VALLE-INCLÁN

Maestro de errores,
doctor en desvergüenzas,
licenciado en bufonerías…
EL TRIBUNAL DE LA JUSTA VENGANZA
(¿PACHECO DE NARVÁEZ?)

Sólo hay un medio de salvarse:
sacrificar la reputación.
FRANCIS PICABIA

[A MODO DE PRÓLOGO] ANARCOPOETO

Antes muerto estaré que escarmentado.
FRANCISCO DE QUEVEDO

Facedor sin melindres ni alharacas,
poeto con anclajes en el suelo,
quiero cantar en verso recio y fiero
lo que me da la gana y porque quiero.

Tañendo el aquilón del pensamiento
como si tañe Eolo trompa o tuba,
no quedará en mi mente ni una oruga,
que es canto fresco el que mi mente incuba.

Con ciencia de restallante estridencia
mis cantos vernáculos y feroces
salen dando amor o dando coces
y saltando controles de prudencia.

Y aunque ya tenga añejo hasta el tintero,
no desmayará este ímpetu guerrero
ni las ansias de urdir un pedorreo,
que nunca fui medroso ni agorero.

POÉTICA

Prefiero que mi verso sea chirriante,
cacofónico, afónico, ligero.
Que tenga suelta impronta de jilguero
–aunque soy pajarraco bien tunante–.

Que suene con estruendo retumbante
cual petardos de ardor de mi tintero.
Me importa un bledo recibir un cero
del profesor o del censor pedante.

No soy santo ni sabio ni soy cura,
ni erudito ratón de biblioteca.
No hago al verso sesión de manicura.

Mis versos no son versos de manteca
ni del rollo de la poesía pura.
Yo escribo como un terco karateca.

SONETÓTICO

Te arreo un sonetote cual castaña,
castañazos que doy, ración de traca,
desde esta figura barbuda y flaca,
con furor miliciano en la campaña.

Rechazo los laureles, la patraña…
Le doy al esperpento la carraca,
me armo por si acaso con la estaca
y zumbo con la coña y con la caña.

No me importa si estoy equivocado;
contra el muermo yo lucho cada día
con *sornora* y demente bizarría.

Como cantos de pato mareado,
la estridencia practico muy osado,
y nado en la corriente de la ría.

LA PALABRA

En el error camino divertido
torciendo y retorciendo la palabra
y la llevo por rutas de la cabra
formando y deformando su sentido.

Sentido inesperado y remitido
con matiz y contraste. Abracadabra:
curada está, ya no se descalabra,
y es pálpito, delirio y colorido.

Ritmo encendido de la misma entraña
que la estridencia del temblor del alma,
y que mi afónica garganta apaña.

Rumiando voy del mundo lo que empalma
el circense vértigo con la calma,
sin caer en rutina ni artimaña.

ATÍLICO POETO

Por donde pasa el atílico poeto
ni hierba crece ni la flor del verso;
bizarro de lo raro y lo diverso
quiere vivir la vida como reto.

No siendo hipotenusa ni cateto
ni lila ni a ningún credo converso,
repica de un asunto y su reverso,
sueltas las bridas, sin ningún aprieto.

Grande misterio tiene el universo
para tipo que duda de su sombra,
y la duda le lleva a lo disperso.

Cada vuelta de la vida le asombra,
mas no siente el peligro de lo adverso.
Y hace canto de todo cuanto nombra.

EL GRITO

Retengo un grito mudo en mi garganta;
le doy ungüento al verbo por si brilla,
y se enciende el lenguaje cual bombilla
y el grave grito duda y se levanta

y da pasos de baile y por fin canta
resurgiendo de mi alma en maravilla,
modelado desde la humana arcilla,
que aunque salga graznando no me espanta.

Lo grotesco, lo cómico y sonriente,
lo adverso a la razón y al buen decoro,
y todo lo que pasa por mi mente,

van por boca en palabras que desfloro
al ritmo impuro del tambor demente,
pues repudio ser circunspecto loro.

DERIVA

Hago y deshago, la memoria criba
y el tiempo huye cayendo en lo profundo,
sin asirse a nada el letal segundo,
y se pierde donde no hay perspectiva.

Del vacío resurge a la deriva
un carnaval verbal de aire fecundo,
palabras claras vagan por el mundo
con sus disfraces a la expectativa.

El verbo fúlgido en su vuelo envía
un recital de vientos, caos y fuego
en caudal de léxica algarabía.

Con sílex o fusiles, en el juego
defenderemos siempre la anarquía:
vuelta y revuelta contra el aciago ego.

VUELO

La palabra se alza y planea anversa
con hipostática corsariería
girando en un aire de bizarría,
lanzándose en picado redispersa.

Colmando un vuelo sobre mente tersa,
auspicios de fortuna y gallardía,
lentas las horas suben por el día
echando chispas prestas a la gresca.

La palabra es ave que al aire embiste,
es música que en tropel se atropella,
un rústico rumiar rumiando alpiste

de la pigmea idea y la querella
en tanto en cuanto el canto se desviste
y sin frenos da vuelcos y se estrella.

VIDA DE SANTO

¿Qué sabiduría se puede encontrar
que sea más grande que la bondad?
ROUSSEAU

Tengo alma de infractor, la ley quebranto
y en los abismos pierdo el equilibrio
siempre inestable de este cuore anfibio
por querer alejarme del espanto.

Mi voz eleva fructífero canto
creando un clima en sus grados tibio,
volcando en mente su fragor de alivio,
que no hay nada más grande que ser santo

y dar paz al que vive en el suplicio.
Sobre el tórrido cuerpo del encanto
ser bálsamo que expulsa lo ficticio,

la bendición que quita al manta el manto
mientras paseo mi ser de ultratumba.
Y con la muerte yo bailo una rumba.

¡ARRIBA!

Conviene hacer lo que el cuerpo nos pida,
sin bajar al infierno como el Dante;
hay que alejarse de lo que es cargante
y volcar nuestra alegría en la vida.

Si logramos salir de la guarida,
será sano trincar un bogavante,
que muy guapa es la vida de mangante.
¡Y a disfrutar antes de la partida!

Levantemos ánimo y cabezota,
que no tienen sentido los bajones:
no hay que pensar nunca en la derrota.

Quitémonos vitales los calzones
y empinemos el palo de la sota.
¡Tenemos para todo soluciones!

LOS AÑOS

Ved cuán errado mi camino ha sido.
FRANCISCO DE QUEVEDO

Ir porfiando por la senda errada
más de necio será que de constante.
FRANCISCO DE QUEVEDO

No sé lo que es verdad y qué es engaño
en mi vida que es mar de desvaríos
donde van a parar todos los ríos
liberados de todo desengaño.

En libertad yo viví año tras año
riéndome del mundo, con los bríos
de un animal saliendo de los fríos
del curso de un invierno, sin su daño.

La primavera ruge en pensamiento
y se acomoda el sol a la edad mía
sin la factura de ningún tormento.

Permitid que con sorna yo me ría,
que nada hay que le sirva de escarmiento
a cabeza que goza en la anarquía.

GRÜNEWALD

Mordazas hora a hora, boca a boca.
La otra orilla avanza cabeza abajo
cayendo por barranco como atajo
con cabeza más dura que una roca.

Taladrando agujeros como broca
las serpientes trabajan a destajo
segando vidas en el vivo tajo,
los férreos cráneos choca que te choca.

Bajo la aciaga noche indiferente,
los sacerdotes cantan en el templo
tristes cantos fundidos con la muerte.

Clavado en un madero está el ausente
predicando con su vida el ejemplo.
Y en su ausencia el dolor es el más fuerte.

TOM WAITS BLUES

Un acordeón me tapa las costillas,
un sombrero se posa en mi cabeza,
mi guitarra es un trozo de maleza
que arde con ardor de pantorrillas.

Mi música brota de mis patillas
de buen carnero que nunca bosteza
y que insufla un halo de fiereza
cual rompehuevos triscando tortillas.

De los labios me salen las palabras
y cuelgan en el aire desquiciadas,
embistiendo las pobres como cabras

al censor de maneras delicadas.
Déjalas que rebuznen, no les abras
la testa en dos, respeta sus tajadas.

ODA A RUBÉN DARÍO

Ínclitas razas ubérrimas, sangre de Hispania fecunda.
R. D.

Oh buen Rubén, nicaragüense chispo,
te saludo desde región de El Bosco
–región donde no me como ni un rosco–
con loco vozarrón, regio arzobispo.

Cantor brillante de entusiasmo fierro,
los más sonoros versos son tu invento,
orfebre de buril de largo aliento
y grande corazón de gran cencerro.

Yo saludo la música estruendosa
de tu *Marcha triunfal*, tan salerosa,
tu devoción al arte más ardiente.

Ah gozosa palabra, rica glosa,
qué poeta racial grandilocuente,
más épico que Hugo y más potente.

LA ESPAÑA JOLGORIOSA (HIMNO NACIONAL)

Europa no habla griego, que habla gringo.
JOSÉ BERGAMÍN

Y mientras se la ignora o se la extraña
a una Europa, que, al serlo, fue latina,
ya no se habla en cristiano ni en España.
JOSÉ BERGAMÍN

Me moriré escuchando
el himno nacional del pueblo español.
SALVADOR DALÍ

Soy español, me siento muy ufano,
y como tal reclamo mucha fiesta,
gozar feliz las horas de la siesta
haciendo digestión de casquivano.

Que el buen fornicio reine soberano,
con la armonía de afinada orquesta
y puesto que es la prisa tan funesta,
gustemos lentitudes de artesano.

Gozar, gozar es ley, yo lo proclamo,
ya sea sidra con plato de fabada,
o jamón pata negra cual reclamo

de parte sustancial y delicada,
sirviendo de acicate y de dinamo
al polvo magistral de la jornada.

SANTO SOY

Sed santos y seréis felices, dices,
y santo soy y muy feliz me siento
ya sea de pie o bien tomando asiento,
respirando por boca o por narices.

De la vida disfruto los matices
cual insecto en jardín de pensamiento
con las flores en su florecimiento,
aprehendiendo del mundo las raíces.

Hermosura del día que yo veo,
hermosura del día en armonía,
hermosura del día cual trofeo.

Siento la santidad que a mí me envía
un vivo amor más allá del deseo
y que bulle en perfecta simetría.

HIPNÓTICA

¿Quién salva de su estrago a la hermosura?
W. SHAKESPEARE

Desvelado, esperando tu regreso
de entre los muertos, que hablan del olvido
con el silencio atroz de lo perdido,
porque el tiempo no tiene retroceso.

Nuestra vida se forjó en el exceso,
y sin poder evitar lo que ha sido
en este insomnio peno persuadido
del eterno fulgor de tu embeleso.

Qué fue de ti, de aquella risa loca,
veraz expresión viva de la muerte,
encendida en las llamas de tu boca.

Yo luché a plena voz por no perderte.
Y me hundí en la reliquia que te invoca.
Es duro caminar para no verte.

ME VOY AL MONTE

Me voy al monte a parlar con el viento,
me voy a abrir los pulmones de mi alma,
voy a sentar las bases de mi calma
zampando todo el aire muy contento.

Y me siento feliz ciento por ciento
y canto con la fuerza de una alarma
ofreciéndole a la vida una palma
para premiar ardor de tal portento.

Y es que yo amo la vida sin cordura
como se puede amar un buen pimiento,
a un picaporte o a tiesa armadura.

La brisa me sacude el pensamiento,
y me pongo a lucir mi dentadura
al reírme sin mesura y sin tiento.

INTEMPERIE

Voz tiene en el silencio el sentimiento.
FRANCISCO DE QUEVEDO

Regreso para darles sepultura
a los recuerdos que tejió tu mano
con fiebre loca de febril arcano
como cruel ardor de una picadura,

que sacia en tu cuerpo de hermosura
el deseo más cálido y tirano,
en horas fugitivas sobrehumano,
por divina pasión y por ternura.

Corazón que en su día cayó herido
y que el tiempo lo puso a tu cuidado
después de que en batalla fue vencido.

Desteje el tiempo tramas del pasado
donde mi corazón perdió el sentido
quemándose en tu fuego enamorado.

INVIERNO

En un invierno estoy con pie pulido
por las nieves del tiempo y la tristeza,
pero siempre levanto la cabeza
antes de dar el más fuerte alarido.

Norte, mar encrespado, momento ido,
mis ojos intuyeron sutileza
sin comprender qué fue tanta belleza
en paraíso al que me encuentro asido.

En sueños voy buscando mi camino
–con viento y frío, con mi dura testa–
y a él no quiere atarse mi destino.

Pasan los años sin hallar respuesta
a esta sed de saber, a este tormento,
a esta absurda obsesión del pensamiento.

TANGO DE OTROS DÍAS (LA CASA DE LOS ABUELOS)

Recuerdo aquel lugar donde he nacido,
la casa familiar con su jardín;
de mi abuela, la ternura sin fin;
de mi abuelo, el silencio estremecido.

Las radiantes mañanas en que he sido
en la playa más feliz que un delfín,
el declinante cielo de carmín
en los atardeceres que no olvido.

Recuerdo el lindo patio, la buhardilla
y la tenue luz de una lamparilla.
Los días de la dicha y la belleza.

Recuerdo aquel afán, el mar umbrío,
norteñas noches, el temblor del frío.
Un tiempo en que anidaba la certeza.

Aquella vieja casa ya no existe,
de aquella vieja casa tú partiste
hacia un mundo colmado de extrañeza.

BLUES DEL POR QUÉ

Adónde vamos tan muertos de prisa,
por qué corremos tanto en toda hora
sobre esta rueda en fuga vencedora
de todo lo que la mente divisa.

La noche al día persigue sumisa
y se va desvaneciendo en la aurora,
y en esta sucesión devastadora
enciende su tiniebla entre la brisa.

Por qué estamos sintiendo tan adentro
que la vana amargura, en camuflaje,
va dejando nuestra vida exilada.

Por qué no disfrutamos del momento
antes de que se nos acabe el viaje,
viaje absurdo camino de la nada.

En este mundo cruel, bello y diverso
no encuentro la razón del universo.

RESACA

Tumbado estoy sufriendo la resaca,
pues la cogorza trae su penitencia,
que más que religión es ley de ciencia,
y tengo en la cabeza grave traca,

grave traca y un raca de carraca.
Tengo que rearmarme de paciencia,
esperando arreglar la incontinencia
de tanto ruido en mi cabeza flaca.

Tumbado, dolorido, arrepentido
de pimplar tanto alcohol en una noche,
estoy como animal entontecido

y me siento con pintas de fantoche.
Me tengo que quedar más en mi nido
y evitar tanta noche de derroche.

UNGIDO

Como acelga en el baúl de una cueva,
aquí me encuentro, papal y ciempiés,
yaciendo en un féretro de ciprés
mientras mi mente en sus delirios nieva

los lirios musicales de era nueva,
letanías salvajes al envés,
yodo y ruidosas zarzas, nueva res,
y grave voz desde el altar eleva

súbito rayo en un ciclón peludo
(homilías que encierran dinamita),
y el pardo feligrés se queda mudo,

blanquecino alhelí, ojos de cita,
y mi eufórica esfinge es trino rudo,
voz afónica en casa de eremita.

NÁUFRAGO BLUES (LETANÍA/SONETOTE CON ESTRAMBOTE)

Mi vida canta y ríe en mi garganta,
mi vida empecinada en cantar tanto,
mi vida en frenesí de salto en canto,
mi vida que no está bajo una manta,

mi vida que es más santa que una santa,
mi vida que es batalla de Lepanto,
mi vida de milagros y de espanto,
mi vida enraizada como planta,

mi vida retumbante, luz y viento,
mi vida en los confines de la nada,
mi vida que madura en lo que siento,

mi vida desbordada cual cascada,
mi vida que en el sueño toma aliento,
mi vida que respira atormentada.

Mi vida que va y rompe la alambrada,
mi vida que se vuelca apasionada,
mi vida que me da una bofetada,
mi vida que no es más que bufonada,
mi vida que canta con voz cascada,
mi vida que ya es pura carcajada.

CANCIÓN DE LA ALEGRÍA (PARA CORO INFANTIL)

Hoy seremos felices, ya lo creo,
hoy vamos a crear una canción,
canción para entonar en el paseo
cuando las almas van en conjunción.

Cantemos juntos mientras paseamos,
cantemos a la vida y al amor,
cantemos hoy sintiéndonos los amos
de la alegría con pie bailador.

Cantemos para celebrar el día,
cantemos juntos aunque no haya sol;
celebremos la grata compañía

saludando al amigo caracol.
Alegre se siente hoy el alma mía.
Alegre saltando entre col y col.

SONETANGO DE AMOR

Se me llenan los ojos de alegría
al verte y me alimentas de repente
no sólo el ojo, que también la mente,
alejando modorra y agonía.

Y recorro vivaz el ancho día
con la sonrisa incrustada en la frente,
con suma calidez de lo potente
en el centro ardoroso que me guía.

Ebrio de tu solar anatomía,
todo me sobra si estás a mi lado,
ya que este amor me tiene hipnotizado.

Corro hacia ti buscando la ambrosía.
Eres el paraíso y la dinamo
que mueve audaz las líneas de mi mano.

FLUIR

Una corriente eléctrica sinuosa
recorre mi cuerpo y mi pensamiento
como un rayo que fluye sobre el viento
en grato fluir que nunca reposa.

Fluyendo voy ajeno a toda losa,
con gozo en flor sin regalado asiento,
y en el camino canto lo que siento
quitando las espinas a la rosa.

Fluyendo con el verbo más fecundo
entre el buen recuerdo que no se olvida,
girando sin parar, como este mundo.

Buscando perlas en lo más profundo,
fluyendo voy, fluyendo va mi vida,
vida eléctrica jamás abatida.

CANTO

Hoy te regalo mi canto estridente,
que es carcajada y es gran alarido
y en el aire zumba su colorido
al lanzarse de mi mente a tu mente.

Canto que es picudo, canto demente,
canto en el que aflora el tiempo perdido
como loco tatuaje estremecido,
que grabo fiel para siempre en tu frente.

Tiembla en el aire la luz de una duda,
arde con fuerza misteriosa lumbre,
verbo vital que nos une y anuda.

Canto de dislocada reciedumbre,
canto lunático que es tuyo y mío
y que navega en el nocturno río.

TANGO ANTINOSTÁLGICO

A gusto ando por este tiempo mío,
sin la nostalgia de ningún pasado,
pasado que ya se pasó al olvido,
olvido que se quedó allá entre el frío.

Tal vez sienta piedad o escalofrío
cuando el reloj se vuelve atormentado,
las manecillas de ánimo crispado
corriendo ansiosas en el desvarío.

Huyó el pasado de mi sentimiento,
huyó raudo, con pasos presurosos;
perdiose en los pantanos tenebrosos.

No soy ser que de nostalgia esté hambriento,
para qué recordar lo que yo he sido.
Mi ser emprendió vuelo de su nido.

¡Nada quiero saber del tiempo ido!

BRINDIS MARCIAL

Cuca coqueta de manteca recia,
recio mohín de cáscara de hormiga
enchironada en trullo alcahuetino.
Por vos, altivo mimetizo el rostro

con rostro rudo de cangrejo hirsuto.
Dios llora avinagrado en su escondrijo,
las náyades empollan nuevo huevo
en su mundo feraz de gran consumo.

Tiro tres tiros bien encabronados,
tres tiros sobre tres patos patosos
que van los tres vestidos de sargento

con pintas de sufrir grave tormento,
y me los guiso y como muy contento
brindando a la salud del regimiento.

BLUES CAMPANUDO

Cuando uno ya es mayor, si uno no es rana
ni tampoco uno es pan ni es una rosa,
será entonces una razón hermosa,
que es mejor que ser una cosa plana.

Por el momento soy una campana,
una joven campana ya canosa
que tampoco es muy triste ni es muy sosa
y que toca en la noche y la mañana

tonaditas de amor por emparrados
y va haciendo tilín sin una queja
tocando cataplines a los hados

con el pico punzante de una abeja
como suelen hacer los más osados,
y me duele la vida en una oreja.

VOLVER A TI

Con esta lluvia y esta pesadumbre,
con pinta de degollado cordero,
me empiezo a parecer a Blas de Otero,
aunque no den mis versos tanta lumbre.

Parece que esperanza no vislumbre,
y, perdido, no encuentre mi sendero,
y a todo, por poner, le pongo un pero.
En nada encuentro aquella certidumbre

que acompañó mi caminar primero.
Bien atrapado en mi tela de araña,
tejida por mí mismo con esmero,

necesito salir de esta maraña
poniéndome este mundo por sombrero.
Y volver a ti a darte mucha caña.

EL DESEO

Altivo el rostro igual que el busto altivo,
no desmerece en altivez tu altura,
y tu garbo da lustre a tu figura
cuando paseas con tu paso esquivo.

Sueño la vida y, siempre pensativo,
yo te miro y admiro tu hermosura,
y al borde quedo ya de la locura
volviéndome en exceso sensitivo.

Darte caza es botín tan deseado
que el corazón da un vuelco satisfecho
al soñar el sabor del ser amado.

Jugaremos traviesos en mi lecho
gozando del amor bien encamado.
Me imagino que al hecho voy derecho.

HUIDA

Te fuiste y me dejaste y me jodiste
la vida entera con tu puta huida,
y todo es noche, no hay amanecida
entre estos platos de mi amargo alpiste.

Que es esta soledad la que hoy me embiste
como un toro de jeta retorcida
y por más que me afane y me decida,
no consigo dejar de estar tan triste.

Y me cago en mi vida y en tus muertos,
en videntes, astrólogos y entuertos,
y me liquido una botella entera

de tinto peleón mientras me aturdo
escribiendo este vil soneto zurdo,
¡y vuelve a resurgir la primavera!

SIN TI

Sin ti todos los días son iguales;
sin ti se va alejando la alegría;
sin ti mi central parte se me enfría;
sin ti la vida es gris, gris a retales

igual que nubes o que recentales
pastando por el cielo o la alquería;
sin ti me quedo sin amor ni orgía;
sin ti mis bienes trocarán en males;

sin ti el mundo se ve como el infierno
y los dioses no atienden a razones;
sin ti el verano ya es como el invierno:

tan frío como no tener calzones
en el alma, que es el cuerpo ultrainterno.
Sin ti todo me toca los cojones.

OTRA VEZ

...Y otra vez empezamos, otra vez
volvemos a vivir rotundamente
–aunque nunca saliste de mi mente–,
volvemos a la mar igual que un pez.

Volvemos a caer en esta red
que el destino nos teje raudamente,
poniéndonos de nuevo frente a frente,
volvemos al amor muertos de sed.

Otra vez nos bebemos jubilosos,
como beben su amor los más gozosos,
y alimentan los besos más que ayer.

Otra vez empezamos a crecer.
Otra vez volverá nuestra pasión
a rugir con la fuerza de un león.

AÚN

Todavía tengo coña y vigor
para comencipiar otra conquista;
aún disfruto de ojo de perista
y de arrojo, dos huevos y valor.

Conque volquémonos en el fragor
de una nueva batalla donde exista
mutuo placer sin tráfico onanista,
es decir, compartiendo la calor.

La calor de dos cuerpos que se gustan,
se comen, se penetran y degustan
en acto de arrebato abrasador.

Todavía mis órganos responden
a vida más que alegre y de desorden.
Todavía tengo coña y vigor.

AMADA MÍA

Entrando estoy en ti, amada mía,
entrando estoy en esta anochecida
y amorosa caverna que es guarida
de mi animal total y su energía.

Oculta con frecuencia en lencería,
cada vez que la muestras a la vida
perdido estoy, no encuentro la salida,
cayendo en dulce red de hechicería.

Oh delicadas manos, que son fuego
y encienden y trastocan los sentidos
dejando mis infiernos para luego.

Entrando estoy en ti muy decidido
y siento, como don, tacto de ciego
en tierno encuentro donde el mundo olvido.

CAUTIVO

Se muere el sol y escucho su lamento,
que es un lamento triste y desolado,
y por más que pervivas a mi lado
no cesará el dolor ni mi tormento.

Quisiera respirar por un momento
la dulce suerte que me ofreció el hado,
pero tengo una herida en el costado,
que me mata de amor con dolor lento.

Peregrino en estado de agonía,
sin más caminos, por mi paso errado,
siento cómo este cosmos desvaría.

Agonizo de amor encarcelado,
agonizo como se muere el día
en tu cárcel de amor enchironado.

NOCTURNO

Tarde es, amor, ya tarde para el sexo,
pues nuestros animales alaridos
podrían producir mil salpullidos
en los cautos vecinos del anexo.

No nos pongamos a la luz del flexo,
ya que esa luz nos dejará cocidos
y atrofiará finísimos sentidos
logrando que el amor pierda su nexo.

¿Tarde es, amor? Mas aunque sea tarde
pongamos nuestras manos a la obra
con pasión e incluso con gran alarde

de facultades en sutil maniobra;
no consintamos que esto se retarde,
que aquí nada nos falta, más bien sobra.

Sí, pongámonos manos a la obra.

A CABALGAR

Me enamoro de ti, mi cueva longa,
cada vez que desnuda yo te veo
y quiero atravesar tu pirineo
sin pagar ni peaje ni milonga.

Bailaremos juntitos a la conga,
hablaremos sin rastro de ceceo,
jugaremos los dos al veo-veo,
y no habrá quien me quite ni me ponga

una pega a tan pícaro deseo,
que la vida es gozar, yo así lo creo;
sufrir se lo dejamos a los otros.

Así que retocemos sin pareo
ni calzón ni otras prendas, pues nosotros
sabemos cabalgar igual que potros.

ÉXTASIS

Éxtasis puro del mejor sentido.
JUAN DE TASSIS, CONDE DE VILLAMEDIANA

Con mi aguja imantada llego a puerto
ensartado en el centro de tu loto,
con destreza y buen tino de piloto
sabiendo que tu rumbo es rumbo cierto

para el placer, aunque me dejes tuerto.
Atracar en ti, cual motero en moto,
es llegar a mi reino o a mi coto
desplegando los mapas del experto

y bautizando la región ignota
con el agua bendita de mi fuente,
que cualquier guía le pondría nota.

Cuando estoy en ti brota de mi mente
éxtasis de amor, vuelo de gaviota
que alcanza el horizonte de repente.

MARCHA ALEGRE

Hoy no, no vamos arreglar el mundo,
hoy sólo vamos a entrar en calor;
en este tiempo que es tan furibundo
te voy a regalar todo mi amor.

Hoy vamos a encaminar el rumbo
al paraíso donde está tu flor,
flor que es tesoro genuino y fecundo
en el cuerpo más arrebatador.

Hoy vamos a sacarle brillo al día.
Hoy no nos vamos a escamotear.
Hoy vamos a reventar de alegría.

Hoy en grande lo vamos a pasar.
Tú que eres tan relinda y pizpireta,
aquí arrullados por un bandoneón,

no te vas a aburrir como una seta.
¡El volcán está entrando en erupción!

QUEVEDIANA

Abro los ojos y te veo entera,
y ya se me ilumina todo el día
en esta espídica sesera mía,
alegrando cruel hora pasajera.

Desde esta parte de nuestra ribera,
donde el volcán en la cabeza ardía,
no apagará la llama el agua fría
y lucharemos contra ley severa.

Tu cuerpo que un inmenso sol ha sido,
las caderas que tanto fuego han dado,
los ojos que al mirar siempre han ardido…

No olvidaré belleza ni cuidado,
te daré amor en el mejor sentido;
polvo seremos, polvo apasionado.

TANGO DEL ARDIENTE FÉNIX

Armeme de paciencia, y cabizbajo,
ferruginoso, ansioso y ultrahomérico,
sin eludir la parte de matérico,
me puse a urdir amor muy por lo bajo.

Tramé la forma de darte agasajo
mientras yira y yira en su eje el esférico
en el sutil espacio estratosférico,
gozando y sin que suene que es trabajo.

Absorto estoy en éxtasis dichoso,
explayando el sentir de los sentidos
sin que haya tregua alguna ni reposo.

Gozando entre susurros y berridos
donde el amor tornó en fuego glorioso,
me siento el más feliz de los nacidos.

OIGO TU NOMBRE

Oigo tu nombre y redobla el viento,
relinchos está dando mi cerebro,
relinchos de hermosura y no me quiebro:
soy Dionisos rugiendo en sentimiento.

Oigo tu nombre e inmortal me siento,
porque en tu nombre inmaterial me enebro
y taño flauta y arpa y lo celebro
con grandiosa alegría y cuco tiento.

Tu nombre entre los nombres el más bello.
Postrado estoy ante tu altar de Diosa
besando muslos de tu carne ansiosa.

Y aunque yo me quedara sin resuello,
si me abrieras tu centro ensimismado
me quedo para siempre enamorado.

NOCHE

Delirio intenso en el centro del gozo,
estoy en ti gestando firmamento
encendido y ardiendo en un momento
al ir cayendo en tan profundo pozo.

Ciego furor que es causa de alborozo
en pleno éxtasis del arrobamiento,
con aparejo en sumo rendimiento,
cautivo de un amor puro retozo.

Nutricio amor volcado en la utopía
incubada sin canon ni compás,
reflejo de la libre correría.

En esta noche fría en que quizás
el tiempo se detenga en armonía,
la vida está aquí donde tú estás.

(Nuestro polvo transcurre a todo gas).

MUTACIONES

La musa musical, ay, me abandona,
ya no canto ni bailo el rigodón,
voy perdiendo uno a uno cada don
tumbado al aire libre en mi poltrona.

¿Será que me abandonó mi Madonna
y su ausencia fue duro coscorrón?
Tan penetrante fue su seducción
como si te atraviesan con tizona.

No sé cómo volver a estar sanote
si se acabó lo de volver al trote
con amazona que era un huracán.

No sé qué es lo que ocurre en mi cabeza,
no he bebido ni un sorbo de cerveza,
mas doy un gran salto y bailo el cancán.

VIVA LA VIDA
(TANGO BRINDIS DEL JUERGUISTA)

Quiero que mi vida sea una gran juerga,
una juerga continua y alocada,
una juerga continua con tajada:
beberé por lo menos el Pisuerga.

Darémosle alegrías a la verga
retozando en continua llamarada;
tragaré cien mil platos de fabada
mientras charlo del mundo en cualquier jerga.

Me voy a reír de mí y del mundo entero,
me alejaré del pelma a toda prisa,
y, para terminar de ser sincero,

también lo haré de poetiso y poetisa.
Espero no morir, y, si me muero,
que sea de un gran ataque de risa.

GOZAMOS

Gozamos día y noche, noche y día,
gamburros retronantes de mangancia,
conscientes de que somos disonancia,
gozamos con auténtica alegría.

Trocamos en calor la noche fría
y las rosas nos prestan su fragancia,
rompemos los muros de la numancia
que nos quiere esconder su monería.

Al trote y con presteza cabalgamos,
probamos los sabores de la huerta
y en buena obra ponemos nuestras manos.

Manos y cuerpo entero a ciencia cierta,
y a ciencia cierta que estamos muy sanos,
tan sanos por lo mucho que gozamos.

SOMBRÍA TARDE

Oh verde amor de la sombría tarde,
umbríos los árboles susurraban
cantos tristes que a mí me iluminaban
y los vertía en ti, arde que arde.

Los montes y los ríos, en alarde,
el aire de las hadas embrujaban
y vibrantes las horas exaltaban
al vivaz corazón nunca cobarde.

Yo te amé fuertemente como loco
en la sombría tarde poco a poco,
sin prisa, sin temor, dándolo todo.

Y escuchamos vibrar un canto beodo
en plenitud de amor, oh gran portento,
al soltarse la música del viento.

AL AMOR

Soneteo sin andar por las ramas,
metiendo directa, derecho al grano,
un trabajito fino de artesano
procurando que no queden escamas.

De vez en cuando largamos soflamas,
mas lo que de vez en cuando es muy sano
si lo alargas te deja el coco plano
y se vuelve contra lo que reclamas.

Por eso al amor vuelvo de antemano,
siempre al amor, aunque sea a destiempo,
al amor: lo mejor y más humano.

Pero no al amor como pasatiempo,
sino al amor rotundo y soberano.
Al amor hay que dedicarle tiempo.

FIERECITA

Te empujé en los columpios de aquel parque
y un golpe y un chichón nos distanciaron.
La vida nos consiguió un nuevo embarque
y nuestras gruesas almas se toparon.

Estás bien abocetada a la cera
–ojitos tiernos, cara de merluza–
en un papel metido en la nevera,
con tu blusa gitana o andaluza.

Y yo me río de tu tierno aspecto
–ya que el tiempo mostró que eras muy fiera–
en un tono bastante circunspecto.
Espero que tal monstruo no me hiera.

Y que la vida borre cicatrices,
pues tengo muchas, hasta en las narices.

MECÁNICA POPULAR

No hay medicina más sana
que reír por no llorar,
y pelillos a la mar...
Que la tristeza es muy vana.

Enmendaremos la plana
a quien en su maquinar
la depre empiece a inflar
y croe como una rana

sus males en la peana
y el coñazo quiera dar
trasmitiendo su galbana

y creando malestar.
Que a la vida hay que amar,
no hay medicina más sana.

BLUES DEL PRETENDIENTE

Yo soy tipo vacilón
y no me queda ni un diente,
no tengo cuenta corriente,
no salgo en televisión.

No tengo un coche molón,
no tengo piso caliente,
no soy persona prudente,
no interesa mi opinión.

Mi sueldo es insuficiente,
no aprovecho la ocasión:
¿te causo desilusión?

No soy un buen pretendiente,
pero tengo un buen repente
sobre un mullido colchón.

CIERTOS VATES

Vates hay ejecutores
de cromos sentimentales,
escritores de postales,
ufanos de sinsabores.

Piensan que no son mortales
por mostrarnos sus dolores
de los más rancios colores,
por endilgarnos sus males.

Qué candor bajo voz sosa,
cuánta marchitada rosa.
Qué pulido arrobamiento.

Cuánta musa y cuánto muso,
cuánto pensamiento abstruso
y cuánto pedante suelto.

[EPÍLOGO]
VIDA DE POETO

Como el marino en los mares
me encuentro yo en los billares.
O en los tugurios de España
en ardorosa campaña
(qué cosecha de castaña).
O con gambas muy gamberras
en máquinas tragaperras.
O en las cartas abstraído
en un garito perdido.
O con amigos rufianes
entre líos y desmanes.
O bebiendo el peor vino,
soltando el más ronco trino
en tascas de mala muerte.
(No me abandona la suerte.)
O en el ripio ultrarripioso,
que haciendo el loco yo endoso.
Muy fina literatura,
exquisita, bella, pura.
Así es mi vida, señores,
repletita está de honores.
Pulo, limpio, qué esplendor,
caliento cual radiador.

Cualquier día la Academia
me premia con silla y media
(que no me mola un sillón,
pues yo no soy retozón).
Y hasta la Academia Sueca
me está haciendo ya una mueca.
No sería nada extraño
que con algún que otro apaño
el Nóbel le quieran dar
a este producto sin par.
Si el Premio Nóbel le dieran,
sería lo mejor que hicieran.
Pues como bien pueden ver
y es motivo de aprender,
a mi vida y a mi obra
ejemplaridad le sobra.

DISCOGRAFÍA DE SONETOTES

SONETOTES (ROCK & BLUES) EN LOS DISCOS DE GUACHE & MARCELO PULL:

De LIBÉRRIMO:

10. POÉTICA

De DANDO TUMBOS:

4. EL DESEO
7. VOLVER A TI
10. CAUTIVO
11. ODA A RUBÉN DARÍO

De A VIVIR:

1. RESACA
2. PARTO Y CELEBRACIÓN
4. LA ESPAÑA JOLGORIOSA
5. SIN TI (SONETOTE CON ESTRAMBOTE). VERSIÓN I
8. NOCTURNO
9. HUIDA

Bonus Track. SIN TI (SONETOTE CON ESTRAMBOTE). VERSIÓN II

De BALLET VOLCÁNICO:

1. ATÍLICO POETO
2. HIPNÓTICA
3. ME VOY AL MONTE
4. INTEMPERIE
5. LOS AÑOS
6. GRÜNEWALD
9. AMADA MÍA
11. OTRA VEZ

De OJO DE HURACÁN. 30 SONETOTES (nuevos):

1. SONETÓTICO
2. LA PALABRA
3. ¡ARRIBA!
4. DERIVA
5. VIDA DE SANTO
6. INVIERNO
7. TANGO DE OTROS DÍAS
8. SANTO SOY
9. TANGO DEL ARDIENTE FÉNIX
10. CIERTOS VATES
11. TANGO ANTINOSTÁLGICO

De SONETOTES BLUES:

1. UNGIDO
2. NÁUFRAGO BLUES
3. TOM WAITS BLUES
4. BLUES DEL POR QUÉ
5. FIERECITA
6. FLUIR
7. CANTO
8. GOZAMOS
9. A CABALGAR
10. SOMBRÍA TARDE

SONETOTES EN DISCOS DE OTROS INTÉRPRETES:

De ANARCOBOHEMIA:

9. EL PRETENDIENTE por Álberto Urrutia

De TANGOS Y BALADAS:

2. CAUTIVO por Miguel Pérez

ÍNDICE

Esta obra
se acabó de imprimir
con los auspicios de
Charo Fierro y
Antonio J. Huerga, editores

FINIS CORONAT OPUS